AF496836

PANÉGYRIQUE

DU

Bienheureux Jean-Gabriel PERBOYRE

PRONONCÉ

Dans la Chapelle des Saurs de St Vincent de Paul à St-Brieuc

LE 18 OCTOBRE 1890

PAR M. L'ABBÉ MORELLE

Vicaire général honoraire

SECRÉTAIRE PARTICULIER DE M⁰ˢ L'ÉVÊQUE DE SAINT-BRIEUC

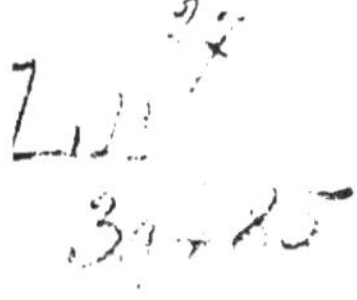

PANÉGYRIQUE

DU

B. JEAN-GABRIEL PERBOYRE

PRONONCÉ

Dans la Chapelle des Sœurs de St Vincent de Paul à St-Brieuc

LE 18 OCTOBRE 1890

PAR M. L'ABBÉ MORELLE

VICAIRE GÉNÉRAL HONORAIRE, SECRÉTAIRE PARTICULIER DE MG^r L'ÉVÊQUE DE St-BRIEUC

> *Implete gaudium meum, ut idem sapiatis, eamdem charitatem habentes, unanimes, idipsum sentientes.*
>
> Mettez le comble à ma joie par l'unanimité de vos pensées, de votre charité, de vos sentiments. (AD PH. 2-2.)

MES CHÈRES SŒURS,
MES FRÈRES,

Le 27 septembre 1660, à quatre heures du matin, dans une ancienne léproserie nommée Saint-Lazare, et située dans ces quartiers alors solitaires, aujourd'hui si peuplés, qui relient Paris à Saint-Denis, un humble prêtre venait de mourir.

Certes ! ce XVIIe siècle qui avait mesuré la plus grande part de sa vie fut fertile en grands hommes.

Mais, je n'hésite pas à l'affirmer, et aucun esprit réfléchi ne me contredira, parmi cette pléiade de génies qui se distinguèrent dans les lettres, dans l'éloquence, dans la guerre, et qui ne composèrent point seulement à Louis XIV la cour la plus brillante, mais écrivirent pour la France une des pages les plus magistrales de son histoire, il n'en est point de plus extraordinaire que ce pauvre Prêtre qui vient de s'éteindre aux limites les plus reculées de la vieillesse; et quand on a dit : Corneille, Bossuet, Condé, personne ne s'étonne d'entendre nommer celui que tout Paris appelait « Monsieur Vincent », nom modeste et plébéien, mais anobli par la reconnaissance populaire et qu'on ne prononce point sans que des larmes d'admiration montent dans les yeux, au souvenir du plus insigne bienfaiteur de l'humanité souffrante.

Ce fut, en effet, un long miracle que la vie de cet homme qui, pâtre, devint le conseiller des rois; qui, pauvre, nourrissait des provinces ; qui recueillait dans les plis de sa soutane rapiécée, les enfants que Paris abandonnait ; dont le cœur avait assez de chaleur pour réchauffer toutes les infortunes, et dont la dépouille mortelle sera suivie demain par le neveu du Roi, le Nonce du Pape, six Evêques, nombre de hauts personnages et de grandes dames, et tout un peuple de pauvres pleurant leur père.

Plus frappant encore est le miracle de sa survivance dans la double famille religieuse née de son cœur. Qu'on ne me parle plus de la stérilité de ces vies qui ont préféré la solitude du cloître aux joies du foyer ! Je répondrais en montrant les prêtres de la Mission et ces filles de la Charité si nombreuses qu'on n'en sait plus le chiffre, dont la similitude des traits atteste l'unité du berceau, dont la communauté des élans, des pensées, des sentiments ajouteraient encore, s'il était possible, à la félicité de leur bienheureux patriarche par le respect qu'elle témoigne pour ses suprêmes et testamentaires recommandations, *implete gaudium meum, ut idem sapiatis, eamdem charitatem habentes, unanimes idipsum sentientes ;* et qui, prêtres, apôtres, martyrs, ont été depuis plus de deux siècles et sur toutes les plages, par leur sainteté, leur parole, leur sang, les intrépides pionniers de la civilisation française, non moins que l'honneur, les propagateurs et les témoins de l'Evangile.

Comme à la première page de la vie d'un fils de famille l'historien a soin de graver l'image des ancêtres et de produire ses titres de noblesse afin de suivre plus sûrement les traces et de mettre dans une plus grande lumière les effets d'un glorieux atavisme, j'avais besoin d'évoquer la sereine et douce figure de Vincent de Paul en commençant l'éloge de Jean-Gabriel Perboyre, prêtre de la Mission, apôtre de la Chine et martyr de Jésus-Christ ; en qui je voudrais montrer la copie lointaine mais fidèle de son illustre père, en même temps que l'expression la plus haute des héroïques vertus qui n'ont jamais cessé d'être unanimement pratiquées par les membres de sa double famille : *eamdem charitatem habentes, unanimes, idipsum sentientes.*

I

Le chef-d'œuvre de la puissance et de la grâce divine en ce monde, c'est le Prêtre. Sur ce front qu'il a marqué de l'onction sacerdotale, Dieu a accumulé des gloires, des pouvoirs, des saintetés qui ont jeté dans le ravissement tous les Docteurs, et qui, faisant disparaître l'infirme humanité dans une transfiguration prodigieuse, ne laissent plus devant nos yeux qu'une merveilleuse manifestation de la divinité.

Et, en effet, si la dignité se mesure à la sublimité des fonctions, quelle n'est pas la grandeur du Prêtre « qui a le pouvoir de consacrer le Dieu de majesté par la vertu des paroles saintes, de le bénir de ses lèvres, de le tenir entre ses mains, de le recevoir sur sa langue et de le distribuer aux autres hommes ! (1) » A cette hauteur, la dignité sacerdotale ne confine-t-elle pas à la divinité ? et saint Bernard n'a-t-il point raison lorsqu'il élève le Prêtre, non seulement au-dessus de toutes les têtes couronnées, mais au-dessus des Anges eux-mêmes : *Prætulit vos Deus regibus et imperatoribus... imo, ut altius loquar, prætulit vos angelis...* (2) ; et, en effet, dit saint Paul, quel est celui des Anges à qui Dieu a dit : Tu es Prêtre pour l'éternité selon l'ordre de Melchisédech (3). Et comme l'infirmité native du fils d'Adam se prêtait mal à soutenir un rôle qui n'est autre que celui du Christ, le souverain Prêtre : *sacerdotes vicem gerunt Christi summi sacerdotis* (4), Jésus vient à lui et, l'enveloppant, selon la parole de Tertullien, de sa divinité comme d'un manteau, *de suo vestiens* (5) le rend apte à la sublimité de sa mission et digne de la vénération des peuples.

Rien de touchant comme les pages de l'Evangile où nous voyons le divin Maître réaliser ce plan hardi et se faire l'éducateur de ses premiers prêtres.

Il les choisit lui-même : *ego elegi vos* (6) dans des milieux modestes, mais préservés ; les séparant

(1) *Imitat. de J.-C.* Livre IV, ch XI, n. 6.
(2) Sermo ad pastor. in Synod. N° 1 op. S. Bern. Tom. II.
(3) Ieb. 1-56.
(4) Pontif. Bibliot. apost. admonit. sacerd.
(5) Tertull. De monog. c. 7.
(6) Joan. 15-16.

du monde, il les retient à son école, inonde leur esprit enténébré de clartés célestes dont la sagesse humaine n'avait point eu le soupçon : *quæcumque audivi à Patre meo, nota feci vobis* (1), les admet à l'honneur de son amitié : *vos amici mei estis* (2), et, au contact de son cœur divin, ouvre leur cœur à toutes les nobles inspirations. Enfin, plus heureux — parce qu'il est plus puissant — que l'artiste dont c'est le désespoir de ne pouvoir faire passer son âme dans le marbre que son ciseau a sculpté, par un coup suprême de son amour et de son génie divin, dans une scène inoubliable, il pénètre au plus intime de leur être sous le mystère d'un morceau de pain et d'une goutte de vin consacrés, devient en eux le principe d'une vie surnaturelle, les élève, les divinise, en fait d'autres lui-même : *sacerdos alter Christus,* et leur donne le pouvoir miraculeux de communiquer à leurs frères la même vie divine.

Sorti d'une pareille école, trempé dans les flammes de cet amour, le Prêtre catholique a traversé les siècles sans que le caractère divin qui brille à son front se soit obscurci. En l'empourprant de son sang, les persécuteurs n'ont fait qu'ajouter à sa majesté ; les barbares se sont arrêtés devant lui et ont senti leur férocité s'amollir sous les sourires

(1) Joan. 15-15.
(2) *Ibid.* 15-14.

de son regard ; les siècles du Moyen-Age ont tourné vers lui les yeux pour trouver leur orientation dans la nuit où marchaient leurs sociétés en formation ; et, toutes les fois qu'il était menacé de déchoir de sa primitive grandeur, Dieu lui suscitait un modèle, qu'il s'appelât Grégoire VII ou saint Bernard, Yves de Kermartin ou Vincent Ferrier, Michel Le Nobletz ou le Curé d'Ars, dont la haute sainteté fit reluire à ses yeux dans sa première splendeur l'idéal divin du sacerdoce.

Il faut bien l'avouer cependant, à la faveur de la corruption des mœurs au xve siècle et des guerres religieuses qui remplirent le xvie, les portes du sanctuaire s'étaient ouvertes un peu trop facilement devant des vocations mal éprouvées, et quand se leva le xviie siècle, le caractère sacerdotal avait fléchi chez un trop grand nombre. Dieu l'avait permis sans doute, afin de prouver que si l'Eglise se sert d'instruments humains, sa divinité ne leur est point nécessairement liée. Cependant le protestantisme qui sévissait, le jansénisme qui allait éclater faisaient désirer à l'Eglise un clergé chez qui la vertu et la science fussent tenues en égale estime.

Vincent de Paul fut suscité de Dieu pour ramener le sacerdoce à son originelle et sublime conception. C'est lui qui, avec la congrégation de la Mission pour exemplaire, les retraites des ordinands et surtout l'institution des séminaires pour moyens, fut, avec M. Olier, son disciple, et bientôt son émule, le formateur de cet admirable clergé de France dont on a pu dire qu'il est le premier du monde.

Quoi d'étonnant qu'il nous soit donné de saluer aujourd'hui, dans un fils de Vincent de Paul, un rejeton illustre de cette lignée sacerdotale qui tire son origine du cœur du Christ, et dont la splendeur s'est ravivée dans le cœur de celui que l'Evêque de Genève appelait : « le plus saint Prêtre de son siècle ?»

La conduite de Dieu sur Jean-Gabriel Perboyre pour l'amener à l'autel, ne différa point de celle que j'ai décrite tout à l'heure. Il le *choisit,* sur cette terre du Quercy, de cette race forte et tenace qui, ayant épuisé autrefois contre les armées de César tous les moyens de défense pour garder sa nationalité, avait dès lors fait pressentir ce qu'elle saurait un jour déployer d'énergie pour conserver et propager sa foi. Cette foi, il fallait qu'elle fût vive au foyer qui le vit naître pour que, sur les huit enfants qui le peuplaient, Dieu en ait réclamé et obtenu six pour les consacrer à son service dans la famille de saint Vincent. Plusieurs sont au ciel : Pierre Perboyre et Marie Rigal, les chefs vénérés de cette famille patriarcale, Louis, mort en voguant vers la Chine à qui il portait l'Evangile, Jean-Gabriel, le héros de cette fête. Trois sont encore vivants et, par une faveur peut-être unique; assistent, sur cette terre, à la glorification de leur bienheureux frère : Jacques, prêtre de la Mission, et deux filles de la Charité, dont l'une en Chine ; cette terre de l'extrême-Orient, toujours altérée de sang chrétien et où se moissonnent les palmes du martyre, exerçait une étrange attraction sur ces âmes d'élite.

Après l'avoir choisi, Dieu le *sépare* des siens par une action mystérieuse mais irrésistible, qui déconcerte les projets paternels ; l'attire à son école, d'abord au petit séminaire de Montauban, sous la direction d'un oncle vénérable, prêtre de la Mission, lui aussi ; puis, plus près de son cœur, à Paris, dans ce noviciat de Saint-Lazare, où l'esprit sacerdotal a conservé toute sa pureté au contact des ossements vénérés de saint Vincent de Paul ; enfin au collège de Montdidier où il m'a été donné de vénérer ses traces et où il se montre maître accompli à l'âge où tant d'autres sont encore sur les bancs.

Cette piété dont il avait donné tout enfant les plus touchants exemples, qui extasiait son visage lorsqu'il prononçait les doux noms de Jésus et de Marie ; qui le retenait des heures entières à l'Eglise et suspendait son âme ravie aux lèvres des prédicateurs dont il récitait ensuite les sermons avec une telle fidélité que son père lui disait un jour :

« *Puisque tu prêches si bien, il faudra te faire prêtre ;* »
cette piété ne fait que grandir encore et s'enflammer
pendant les années recueillies de sa préparation
sacerdotale ; tandis que, se plongeant dans l'étude,
son esprit cherche Dieu sous l'écorce des lettres
profanes et à la lueur vacillante de la philosophie
humaine, mais surtout aux infaillibles clartés de
la révélation, concentrée dans les divines Ecritures
comme dans son foyer, et diffusée dans les livres
des docteurs et des théologiens. Saint Paul surtout
l'attire et saint Thomas d'Aquin : le premier par
ce cri de l'apôtre qui retentit sans cesse sous sa
plume : *Caritas Christi urget nos : La charité de Jésus-
Christ me presse,* et qui trouve déjà dans le cœur du
futur missionnaire un si puissant écho ; le second
par ce regard d'aigle qui perce le voile des mystères
et en révèle les profondeurs, et par cette sûreté de
doctrine qui lui a valu, de la part du Christ, la plus
haute de toutes les approbations : *Bene scripsisti de
me, Thoma : Vous avez bien écrit de moi, Thomas.*

L'heure était venue de la consécration, heure
appelée de ses vœux, redoutée de son humilité,
où, prêtre depuis longtemps par l'esprit et les vertus,
il allait le devenir par l'onction sacerdotale.

Qui nous dira les ardeurs et les émotions de
son âme lorsque, le 23 septembre 1825, debout à
l'autel de sa première Messe, il sentit palpiter son

Dieu dans ses mains tremblantes ! Son rêve serait de rester toujours sur ces cîmes où son visage s'éclaire d'un rayon céleste et où un jour un novice interdit le verra soulevé de terre et ravi en extase.

Il en descendra cependant — autrement c'eût été le ciel sur la terre, ou du moins le Thabor — mais pour répandre partout où l'obéissance l'enverra l'amour divin qui dévore son âme : à Saint-Flour où il professera la théologie dogmatique avec la science consommée d'un vétéran de l'enseignement, et où sa précoce expérience donnera au collège ecclésiastique une habile et féconde impulsion ; puis à Saint-Lazare, où il sera appelé à la direction du noviciat et où, comme la liqueur répandue de l'albâtre brisé de Marie-Madeleine, le parfum de sa piété embaumera et élèvera toutes les jeunes âmes confiées à ses soins, jusqu'au jour où s'élargira le champ ouvert à son zèle.

Et vous aussi, mes Sœurs, vous avez été l'objet d'une *élection* divine. Vous ravissant à vos foyers par le charme irrésistible de son appel, Jésus vous a *séparées* du monde pour vous amener à son école dans ce *séminaire* dont le nom seul, en rappelant le noviciat sacerdotal, vous avertit déjà de la sublimité de votre vocation.

Et au jour de votre *consécration*, si Jésus n'a point placé sur votre tête la couronne réservée du sacerdoce, il en a mis une autre dont l'éclat et les prérogatives le cèdent à peine à la première : la couronne de la *virginité*. Si vous ne le rencontrez pas, comme le prêtre, sur les cîmes de l'autel, derrière la nuée sacramentelle, il vient à vous sous le voile d'une autre eucharistie, les pauvres. « Ce sont vos Maîtres, disait Vincent de Paul à vos sœurs aînées, les voiles derrière lesquels se cache Notre-Seigneur Jésus-Christ ; » et à ce contact votre âme aussi s'éclaire comme un cristal aux reflets de la lumière : « Oh ! si nous pouvions voir, continue le même saint, l'âme d'une fille de la Charité qui sert bien les pauvres, nous la verrions reluire comme un soleil. » Enfin, vous aussi vous donnez Dieu au monde, car la charité dont vous portez le nom et dont vous êtes la plus touchante personnification, la charité, que la civilisation païenne n'avait ni connue, ni nommée, pas même aux jours plus cléments de Sénèque et de Marc-Aurèle, la charité qui est Dieu : *Deus charitas est* (1), vous accompagne partout, tandis que le sacrifice de votre vie immolée à l'amour de Jésus est la preuve perpétuellement vivante de la divinité de celui qui a conquis votre cœur : « car enfin, dira-t-il éloquemment avec un cœur de père qui avait eu sa part de ce sacrifice, quel est donc cet amant

(1) I. Joan. 4-8.

invisible qui, mort sur un gibet il y a dix-huit siècles, attire ainsi à lui la jeunesse, la beauté et l'amour ; qui apparaît aux âmes avec un éclat et un attrait auxquels rien ne résiste ; qui prend toute vivante la chair de notre chair et s'abreuve du plus pur de notre sang ? Est-ce un homme ? Non ! C'est un Dieu. Voilà le grand secret, la clef de ce sublime et douloureux mystère. Un Dieu seul peut remporter de tels triomphes et mériter de tels abandons (1). »

II

Si on me demandait de décider quel est, du Prêtre ou de l'apôtre, la figure la plus belle, je répondrais que ce sont deux figures également belles, parce qu'elles sont également divines, ou plutôt parce qu'elles se confondent en une seule et divine figure.

Le prosélytisme est d'institution divine. Le paganisme ne le connaissait point. Ses dieux étaient les gardiens de la fortune publique ; les livrer, c'eût été trahir la patrie. La synagogue elle-même, qui regardait l'élection du peuple juif comme un privilège inaliénable, n'en avait pas l'idée. Le pro-

____

(1) Montalembert. *Moines d'occid.*

sélytisme n'est donc pas seulement d'institution divine, mais d'institution évangélique. Il a fait son entrée dans le monde avec le prêtre catholique. Par le même coup de grâce et de puissance qu'il créait le prêtre, Jésus créait l'apôtre.

Son procédé de création fut à la fois simple et divin. Il consista à mettre dans un cœur d'homme quelque chose de son propre cœur ; et si Paul fut le prince des apôtres, c'est parce que le cœur de Paul et le cœur du Christ ne faisaient plus qu'un seul cœur : *Cor Pauli, cor Christi.*

Une étincelle de ce feu de la charité que Jésus est venu apporter sur la terre et qu'il veut voir se propager, tombée dans une âme sacerdotale, et voilà un apôtre. Plus n'est besoin du précepte évangélique : *Allez, enseignez toutes les nations, prêchez l'Evangile à toute créature,* l'apôtre est déjà parti sous l'impulsion de la charité qui le presse, et trop lents à son gré sont les souffles qui l'emportent sur leurs ailes vers les peuples infidèles.

Telle qu'elle s'est révélée dans sa préparation au sacerdoce, l'âme de Jean Gabriel Perboyre ne pouvait échapper à cette flamme de prosélytisme. « *Et moi aussi je veux être missionnaire* » s'était-il écrié un jour au sortir d'un sermon sur le zèle apostolique. S'il parvint à dominer les scrupules de son humilité devant le redoutable honneur du sacerdoce, c'est surtout parce qu'il y vit un moyen et une condition de l'apostolat. C'est le même mobile qui le dirigea de préférence, vers la congrégation de la Mission.

Destinée dans la pensée première de son saint fondateur à évangéliser seulement le pauvre peuple des campagnes, elle ne tarda point, sous la bénédiction de Dieu, à se développer, à s'étendre et à justifier pleinement son nom. Le zèle apostolique emportant ses membres bien au delà des frontières de la France, les semait sur toutes les plages, même les plus inhospitalières, non seulement en pays catholique comme la Pologne, mais en Angleterre, en Irlande, en Ecosse, exposés à la haine sectaire des protestants, sur la côte barbaresque, affrontant la fureur plus ardente encore du Croissant et jusqu'à Madagascar, sous le ciel meurtrier de l'Océan Indien. Du fond de sa cellule de Saint-Lazare, Vincent de Paul, plus qu'octogénaire, dirigeait ce vaste et magnifique mouvement d'évangélisation, suivant ses fils par la pensée, regrettant que ses vieux ans ne lui permissent plus de marcher à leur tête, missionnaire quand même par l'ardeur de ses désirs. « Moi-même, disait-il, quoique vieux et caduc comme je suis, je ne dois pas laisser de me tenir en cette disposition, et même de m'en aller aux Indes pour y gagner des âmes à Dieu, encore que je dusse mourir par le chemin, » et rêvant aux moyens d'ouvrir devant eux les routes alors impénétrables de l'Asie et de la Chine.

Ce rêve, Vincent ne devait en voir la réalisation que du haut du ciel.

Jean Gabriel brûlait de marcher sur les traces des aînés de sa famille ; de reprendre après eux le chemin de cet Orient, où tant de ses frères avaient déjà trouvé une tombe glorieuse. De l'enceinte du noviciat de Saint-Lazare où son zèle étouffait, son regard mesurait ces espaces immenses que la croix du Christ n'abrite pas encore de son ombre tutélaire et où des millions d'hommes, plongés dans la nuit du paganisme, prodiguent à Boudha, ou à Brahma, ou à de honteux fétiches, des agenouillements, un culte, des adorations qui ne sont dus qu'au Christ Jésus qui les a rachetés de son sang ; et, se reprochant une vie qu'il regardait comme stérile, il était impatient de voler à leur secours, et de faire briller à leurs yeux enténébrés le flambeau de l'Evangile. Sa frêle santé empêchait ses supérieurs d'exaucer ses désirs : « Vous êtes si faible, que vous mourrez en route comme votre frère » lui répondait-on. Qui dira les souffrances de son cœur, les impatiences de son zèle, que la sainte obéissance parvenait seule à calmer, pendant les quatorze longues années qu'il lui fallut soupirer après la mission tant désirée ! Et quand enfin les résistances du docteur sont vaincues et les scrupules des supérieurs levés, quand la carrière ambitionnée va s'ouvrir devant lui, quelle joie et quelles actions de grâces !

A Saint-Lazare, son départ fut un véritable deuil. Tous, novices, religieux et jusqu'au vénérable supérieur général voulurent s'agenouiller sous sa bénédiction, et la grande cour d'entrée vit une de ces scènes qui rappellent les adieux de Paul aux prêtres de Milet et d'Ephèse (1). Il y avait des larmes dans tous les yeux. Lui seul était calme, souriant heureux ; ses vœux étaient comblés, et, quelques jours plus tard, le samedi 21 mars 1835, debout sur le pont du navire l'*Edmond*, qui venait de lever l'ancre, il saluait une dernière fois, avec le port du Hâvre, les côtes de la France.

Voguez, ô navire béni, vers ces plages lointaines qui vous attendent ; et vous, vents propices, enflez ces voiles et prêtez leur le secours de vos ailes rapides, car, ce n'est pas seulement un proconsul et sa fortune qu'elles portent, c'est un soldat pacifique de Celui qui est la lumière et le salut du monde, et l'Evangile qu'il tient à la main n'est pas seulement le livre de la vérité et de la vie, c'est le code de la civilisation et le symbole de la France.

(1) Act. 20-37.

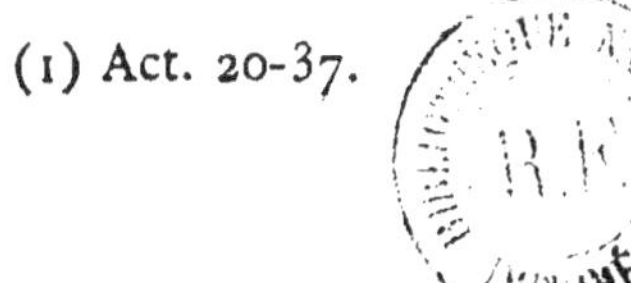

Et vous, mes Sœurs, ne ressentirez-vous point les flammes de ce zèle qui veut répandre partout la connaissance et l'amour de cet amant divin auquel vous avez voué votre vie ? Et si vous les ressentez, serez-vous condamnées à les éteindre parce que l'apostolat n'est point fait pour vous ? Non ! Non ! que votre cœur se rassure ! Vous aussi vous êtes des apôtres. Le champ de votre apostolat est immense : les enfants, les pauvres, les malades, les vieillards, voilà les âmes dans lesquelles il faut faire luire un rayon de l'Evangile pour les éclairer dans la vie et les consoler dans la douleur et sur le bord de la tombe.

Mais ce n'est pas encore assez pour les saintes ambitions de votre zèle. Vous aussi, dominant les timidités naturelles à votre sexe, vous jetez vers les pays lointains et infidèles des regards d'envie. Eh bien ! soyez contentes. Les mêmes voiles qui emportent vos frères vous emporteront, vous aussi, missionnaires à votre tour : *eamdem charitatem habentes, unanimes,* car elle est réalisée la prophétie de votre bienheureux Père saint Vincent : « Le jour viendra, disait-il à ses premières filles, où Dieu vous enverra en Afrique et jusque dans les Indes. »

Ce jour est venu depuis longtemps. Quel peuple n'a vu la blanche cornette des filles de la Charité et ne lui a souri comme on sourit aux ailes des anges ? Et l'instrument de votre apostolat est le plus puissant de tous, c'est la charité. « On résiste à la science, à l'éloquence, au génie, on ne résiste pas à l'apostolat de la charité, on ne résiste pas à l'amour (1). »

Vous ne parlerez point, car votre éloquence n'est point sur vos lèvres; elle est au bout de ces doigts qui, si délicatement, pansent toutes les blessures, bercent et endorment toutes les douleurs; et cette éloquence du dévouement ne fait pas seulement, elle non plus, rayonner l'influence évangélique, mais aussi l'influence française. « La fille de Charité « française, a dit le pape Pie IX, est la première « religieuse du monde. Devant les malades, la « femme italienne n'a pas assez de force morale ; « l'allemande a trop de laisser-aller ; l'anglaise est « trop prude. La femme Française seule possède « l'adresse, l'assurance, la résolution, le comman- « dement doux, la piété sévère, indispensable à « un tel état. » Si le respect de la parole aposto- lique ne me retenait, je dirais que toutes les filles de la Charité sont françaises, parce qu'elles ont trouvé dans le cœur de Vincent de Paul une natu- ralisation qui les atteint jusque dans les profon- deurs de leur être.

(1) Mgr Bougaud. *Vie de S. Vincent de Paul.*

III

Il y a deux manières de comprendre la diffusion de l'Evangile auxquelles correspondent deux types de missionnaires.

Pour le premier, l'évangélisation est une carrière largement rétribuée et couronnée par une grasse retraite. Il s'en va en famille, entouré de tout le confort que la sollicitude de la mère-patrie prodigue aux exportateurs de son influence religieuse, longeant prudemment les côtes, à l'abri du pavillon national, semant les feuillets de la Bible et recueillant en retour, pour la villa qu'il entrevoit déjà pour ses vieux jours dans un site charmant, des bibelots rares et précieux, quand il a su résister à la tentation du trafic et faire mentir le proverbe : « *Qui va au loin, est marchand ou le devient.* »

Le second, au contraire, regarde la prédication de l'Evangile comme un honneur incomparable, comme une vocation divine, comme le plus sublime de tous les sacerdoces. Il dit à tout ce qu'il a de plus cher au monde un adieu qu'il sait être éternel ; il s'en va seul, avec un mince bagage, loin des côtes, à travers les fleuves et les montagnes et les forêts, au cœur même des pays infidèles, semant, non pas seulement des bibles, mais sa parole, son âme, ses sueurs, sa vie dévorée par la fatigue et les privations, et n'ayant d'autre ambition que de féconder de son sang la semence évangélique qu'il a jetée.

Le premier est le *prédicant*, le second est l'*apôtre*. Il n'y a point de véritable apôtre sans la soif du martyre. C'est ainsi que notre bienheureux entendait l'apostolat.

Son martyre commence au moment où, l'ancre levée, l'*Edmond* quitte le port du Havre. Ah ! ne croyez pas que la nature soit morte chez les saints, « *qu'ils n'aient*, selon le mot cruel et aussitôt rétracté d'un de ses condisciples à Jean-Gabriel, *que des vertus de tempérament.* » Toutes les saintes et nobles passions qui émeuvent l'âme humaine, vous les trouverez chez les saints plus vives que chez les autres, parce que la grâce, loin de détruire la nature, l'élève et l'épure.

Ces côtes de France qui fuyaient derrière Jean-Gabriel, et que, debout sur le pont, il saluait pour la dernière fois, gardaient des trésors auxquels restaient attachés des lambeaux de son cœur : La grande patrie française, dont la seule image, le seul souvenir fait vibrer toute âme née sous son ciel ; Mongesty, cette autre patrie aux limites plus étroites, où il laissait au foyer des visages bien aimés, son vieux père, sa vieille mère, ses sœurs, dans ce cadre béni où avait grandi son enfance à l'ombre du clocher qui abrite les fonts de son baptême et la table de sa première communion ; et enfin cette troisième patrie peut-être plus chère encore que les deux premières parce qu'elle garde le berceau de sa vocation sacerdotale, religieuse, apostolique, Saint-Lazare, avec cette famille du noviciat dont il était le père, et les reliques vénérées de saint Vincent auprès desquelles il allait chercher chaque matin courage et lumière, et sur lesquelles en partant il a collé ses lèvres dans un filial et religieux baiser. Ah ! ces chères visions qui fuyaient et se confondaient maintenant dans un lointain nébuleux avec les brumes de la mer, eussent brisé son cœur, sans sa foi d'apôtre qui rappelait à sa mémoire la parole évangélique : *Celui qui aime son père et sa mère plus que moi n'est pas digne de moi ;* et sans ce cri des âmes infidèles vers la lumière et la vérité qui, traversant les espaces, retentissait à son oreille comme un appel impérieux : *me enim insulœ expectant* (1).

Devant lui un autre martyre, qu'il appelle celui-là de tous ses vœux et qui le mènera par une gradation lente et une progression savante jusqu'au sacrifice suprême : les fatigues d'une navigation de quatre mois, l'Océan Indien qui entr'ouvre ses abîmes, menace de l'engloutir et ne calme ses

(1) Is. 69.

fureurs qu'au chant des litanies et de l'*Ave Maris stella* ; Macao et sa longue et laborieuse initiation à la langue et aux mœurs chinoises, sept mois d'un voyage ou plutôt d'une fuite continuelle, caché au fond d'une jonque, débarquant de distance en distance, à la faveur de la nuit, pour instruire et affermir quelques pauvres villages chrétiens, ou bien gravissant des montagnes escarpées au sommet desquelles il aurait « *grimpé avec les dents* » selon son énergique expression, tant il lui tardait d'arriver sur le théâtre assigné à son zèle ; un apostolat de trois ans — la durée de l'apostolat de Jésus ! — tant dans le Ho-Nan que dans le Hou-Pé, apostolat fécondé par des sueurs, des fatigues, des privations dont nous n'avons pas l'idée, et dont il aggravait encore le poids par des macérations volontaires, tout ce luxe de tortures physiques et morales n'ont pu étancher sa soif de souffrances pour l'amour du Christ Jésus ! ce qu'il lui faut, c'est la coupe entière des souffrances bue jusqu'à la dernière goutte.

Elle ne lui sera point refusée, et, le 16 septembre 1839, commencera cette passion qui reproduira trait pour trait celle du Christ dont elle ne se distinguera que par sa durée — une durée de douze mois — et que je ne vous raconterai point, non que je craigne de faire frémir votre nature et de blesser votre délicatesse — il y a des frissons et des émotions qui sont salutaires et fortifiants — non que je redoute de fatiguer votre attention, en reprenant avec un pinceau mal habile cette émouvante peinture qui vous a été tracée avant-hier de main de maître (1) — quel est le chrétien qui s'est jamais lassé au récit de la passion de Jésus — mais parce que l'amour de mon sujet et l'attrait de l'admirable figure qui revit sous mes yeux depuis le commencement de ce discours, m'ont déjà entraîné dans de trops longs développements.

Ce que je veux faire ressortir devant vous, c'est cet héroïsme d'amour qui, toute une vie, avait soupiré après ce martyre ; qui faisait écrire au jeune élève du petit séminaire de Montauban : « Ah ! qu'elle est belle cette croix plantée au milieu des terres infidèles et souvent arrosée du sang des apôtres de Jésus-Christ ! » qui faisait dire au directeur du noviciat de Saint-Lazare, montrant les reliques ensanglantées de M. Clet : « Voilà l'habit d'un martyr ! Voilà la corde avec laquelle il a été étranglé ! Quel bonheur pour nous si nous avions un jour le même sort ! » qui l'amena sur le théâtre même où ce martyr avait versé son sang ; qui, pendant six ans, chaque matin à la consécration de la sainte Messe, demanda la grâce de mêler son sang à celui du calvaire et

(1) Discours de M. Sabatié, prêtre de la Mission.

qui ne trouva l'apaisement que lorsqu'il se vit étendu sur cette croix que son Maître avait illustrée de son sang et divinisée par sa mort.

Apre plaisir ! Joie mystérieuse incomprise des âmes vulgaires ! Combien de fois n'avez-vous pas été témoins de leur étonnement scandalisé au spectacle des supplices joyeusement endurés par les martyrs. Folie ! disaient-ils, Folie ! disaient déjà les Gentils à saint Paul (1). Oui, folie ! mais folie divine plus sage que la sagesse humaine.

Savez-vous pourquoi vous ne comprenez rien à la folie de la Croix ? Vous n'aimez point ! et vous ne croyez point ! Si vous aimiez Notre Seigneur, vous vous souviendriez qu'il n'y a pas de plus grande marque d'amour que de donner sa vie pour celui que l'on aime ; et, prévenu par lui, vous auriez à cœur de ne point vous laisser vaincre en générosité. Si vous aviez la foi, vous ne craindriez pas la mort qui est le chemin du ciel, et vous vous écrieriez comme le grand apôtre : « *Ah ! mourir pour être avec le Christ !* » Si vous aviez la foi, vous sentiriez le besoin de la communiquer à ceux qui ne l'ont point, et de lui donner cette éloquence du sang à laquelle personne ne résiste parce que « l'on croit volontiers des témoins qui se font égorger. »

(1) I. Corinth. 1-23.

Et c'est parce que vous avez tout ensemble et la foi et l'amour que vous êtes, mes chères Sœurs, les dignes filles de saint Vincent qui tant de fois fut martyr par le désir de son âme, et les dignes sœurs de celui qui nous apparaît aujourd'hui du haut du ciel comme un triomphateur resplendissant de la pourpre de son sang et tenant la palme à la main.

Cette palme, elle a tenté votre courage et que de fois ne l'avez-vous pas cueillie avec une ardeur, une générosité qui disaient assez de quelle race vous êtes : *eamdem charitatem habentes, unanimes.* Le martyre de la fille de Saint-Vincent ! Quelle forme n'a-t-il point revêtu ? Quelle terre, la plus lointaine, la plus inaccessible, n'en a point été le théâtre ? Le martyre obscur, silencieux, continu de la vie religieuse, d'une règle qui veille à votre chevet et s'empare dès quatre heures du matin de votre journée pour en ordonner tous les détails, sans égard pour votre volonté, vos désirs, vos goûts, vos aptitudes, la vouant à tous les labeurs les plus durs, les plus rebutants, les plus ingrats ; le martyre du dévouement auprès de l'enfance, de la pauvreté, de la maladie, de la vieillesse ; le martyre d'une ingratitude qui paye trop souvent de sa vile monnaie la plus sublime immolation ; c'est la forme la plus vulgaire, la plus commune, la moins glorieuse au regard distrait de l'homme qui n'en mesure point l'étendue, mais non la moins méritoire aux yeux de Dieu. Combien de vies n'a-t-il point dévorées lentement, silencieusement mais sûrement ! Plus heureuses s'estiment celles d'entre vous qui immolent leur vie dans un sacrifice total, dans un holocauste complet, soit qu'elles affrontent une mort invisible, perfide, mais implacable, dans cette atmosphère pestilentielle de l'hôpital où je les ai vues tomber successivement huit au chevet des cholériques, prêtes à tomber cinquante si le fléau ne se fût lassé plus vite que leur dévouement ; soit que, dominant l'impressionnabilité naturelle à la femme, elles s'en aillent sur les champs de bataille, héroïnes inconscientes, disputer à la mitraille nos pauvres blessés !

Mais plus heureuses mille fois si elles tombent, pour l'amour du Christ, sous le sabre des Chinois, comme vos sœurs de Tien-Tsin, mêlant leur sang à celui des Clet, des Perboyre, des Chevrier, et se présentant à leur céleste Epoux parées à la fois de la robe des vierges et de la pourpre de leur sang versé dans un acte héroïque et unanime de charité : *eamdem charitatem habentes, unanimes.*

Vous m'aviez demandé, mes chères Sœurs, de ne pas vous louer, votre très humble et bienheureux père saint Vincent vous ayant prêché la vertu d'humilité par ses exemples et ses conseils. Pouvais-je cependant ne pas glorifier dans ses filles celui que Dieu a couronné de gloire au ciel. Ayant à célébrer le martyre d'un de ses fils, pouvais-je ne pas dire que cet héroïsme est une vertu de famille dans sa descendance spirituelle ? Et, sachant que vos vertus appartiennent à l'Eglise dont elles sont les fruits et l'ornement, avais-je le droit de laisser à d'autres le soin de les reconnaître et de ne pas m'approprier les paroles récentes d'un de vos plus ardents champions à qui vous mériterez la pleine clarté de la foi : « Quoi qu'on fasse et quoi qu'on dise, croyez-moi, seules les sœurs de Charité ont réellement la vocation du sacrifice et de la vérité (1). »

Et vous, mes Frères, ne trouverez-vous dans l'apothéose du bienheureux dont le sang, répandu pour la foi, ajoute au martyrologe de la double famille de saint Vincent une page glorieuse, que l'objet d'une stérile admiration ? Cette vie fut-elle si perdue dans des régions inaccessibles à l'humaine nature, qu'elle ne propose rien à votre imitation, et de ces reliques sur lesquelles vous allez coller vos lèvres frémissantes d'émotion, aucune vertu ne s'échappera-t-elle qui vous fasse

(1) Doct. Desprez.

entrer en communion d'idées, de sacrifices et de mérites avec le héros chrétien que nous acclamons : *eamdem charitatem habentes, unanimes, idipsum sentientes ?*

Sans doute le caractère du sacerdoce ne viendra point imprimer sur votre âme son sceau glorieux. Mais établir au foyer le règne de Jésus-Christ, faire lever sa connaissance dans de jeunes intelligences qui commencent à s'épanouir ; son amour dans de jeunes cœurs qui commencent à s'enflammer ; et si Dieu vous fait l'honneur de vous les demander, donner vos fils à ses autels, vos filles à ses pauvres, n'est-ce pas exercer un sacerdoce ? Et quel spectacle est plus capable que celui auquel nous assistons de vous en communiquer les grâces et la force ?

Vous n'irez point au loin prêcher l'Evangile aux nations infidèles. Mais n'y a-t-il point pour tout chrétien un apostolat qui s'impose, la prédication d'une vie conforme aux principes évangéliques ? Porter la foi au loin, c'est l'œuvre du missionnaire ; la garder chez nous, c'est l'œuvre de tous. La parole, la plume, l'exemple sont les instruments de cet apostolat domestique, et qui les a en main doit dire comme saint Paul : *Væ mihi si non evangelizavero* (1). Malheur à moi si je

(1) I. Cor. 9-16.

ne fais pas rayonner l'Evangile ! Or, à quel foyer plus ardent irez-vous demander cette flamme du prosélytisme ?

Serez-vous des martyrs dans le sens théologique de ce mot ? Qui pourrait affirmer que non ? Qui oserait soutenir que l'ère des persécutions sanglantes est à jamais fermée, que l'hypocrisie de la légalité a remplacé pour toujours la violence et que Julien ne sera jamais détrôné par Néron ? Puis-je oublier que mes mains ont serré la main des récents martyrs de nos discordes religieuses et civiles ? Et hier encore du haut de la chaire de Saint-Sulpice, un illustre cardinal n'associait-il pas dans un même salut et dans un même hommage deux martyrs, l'un du fanatisme musulman et l'autre de l'anarchisme communard ? Mais si vous échappez au martyre sanglant, pensez-vous que la vie changera pour vous de signification et d'aspect ? Le martyre du devoir, le martyre de la vertu, le martyre de la maladie, le martyre du travail, le martyre de l'ouvrière à sa machine, de l'homme d'affaires à son cabinet, du père de famille aux prises avec les sollicitudes du présent et les menaces de l'avenir, ne le rencontrerez-vous pas sur votre chemin ? Et à qui irez-vous demander le courage de ce martyre chrétiennement enduré, sinon à celui dont nous célébrons aujourd'hui l'héroïsme ?

Ah ! ne vous plaignez ni de l'effort, ni de la lutte, ni des larmes ou des sueurs ou du sang versés. Il y a dans ces souffrances une fécondité qui les explique et met en lumière leur rôle providentiel. Quand Jean Gabriel Perboyre baignait de son sang la terre de Chine, elle comptait 120 prêtres et 200,000 chrétiens. Aujourd'hui les prêtres y sont 1,500 et les chrétiens plus d'un million. Qui osera dire que son sang n'a été pour rien dans cette floraison évangélique ? Merci ô mon Dieu de nous donner des martyrs ! C'était le plus grand besoin de notre temps. Que leur forte race ne s'éteigne jamais sur le sol de notre France et nous ne craindrons ni pour sa foi ni pour sa grandeur, car, tandis que la sève chrétienne, dont ils sont les dépositaires, fera refleurir chez nous les vertus antiques, les âmes se tremperont au spectacle de leur courage, les caractères se relèveront dans la dignité et dans l'honneur, et l'impiété, perdant son audace et capitulant, la France reprendra, au sein des nations catholiques, sa place historique et providentielle : la première !

1190. — Saint-Brieuc, Imprimerie René Prud'homme.
Imprimeur de S. G. Monseigneur l'Evêque.

www.ingramcontent.com/pod-product-compliance
Lightning Source LLC
LaVergne TN
LVHW051326200726
843510LV00002B/520